Aa

- Amsel
- Axt
- alt
- alle
- Ameise
- Ast
- Acker
- Abend

- Abfall
- Armee
- Apfelbaum
- aber

Eine Amsel saß auf einem starken Ast des Apfelbaums am Rande des Ackers. Von ihrem luftigen Platz konnte sie schon seit dem frühen Morgen eine ganze Armee von Ameisen beobachten.

Waldarbeiter hatten im nahen Wald mit der Axt einen alten, kranken Baum gefällt. Kleine Holzstücke waren dabei als Abfall übrig. Die Ameisen konnten die Holzstücke für ihren Bau gebrauchen und trugen sie nach Hause. Am Abend aber waren sie alle müde und mussten beim Tragen immer wieder ausruhen.

Ää

- Ärger
- zählen
- Bär
- Käfer
- Ähre
- erklären
- gefährlich

Hornissen waren gefährlich. Um keinen Ärger mit ihnen zu bekommen, versteckte sich Maja auf einer Ähre im Weizenfeld.

Da krabbelte ein kleiner Käfer zu ihr. Sie zählte die Punkte: sieben! Alois Siebenpunkt, der Marienkäfer! „Schau mal, da drüben fliegt ein Russischer Bär", sagte er. Maja verstand nicht, warum ein Bär fliegen konnte. Aber Alois erklärte ihr, dass der „Russische Bär" ein Schmetterling war.

au

- B**au**mloch
- her**au**s
- H**au**s
- **au**fb**au**en
- **A**uge
- dr**au**ßen
- R**au**pe
- tr**au**en
- **Au**sreißerin
- **T**a**u**tropfen
- sch**au**en
- l**au**ern
- t**au**send

Zurzeit wohnt Maja in einem Baumloch. Die Ausreißerin beobachtet die Welt da draußen mit wachen Augen. Eines Morgens traut sie ihren Augen nicht: Tautropfen glitzern auf dem Apfel vor ihrem Haus – und da schaut doch tatsächlich ganz frech eine Raupe heraus! Wie ein Wurm sieht sie aus!

Die Raupe ist nicht gefährlich für Maja; dennoch muss sie erst Freundschaften aufbauen und lernen, welchen Tieren sie trauen kann. In der Natur lauern tausend Gefahren!

äu

- Räuberburg
- häufig
- bestäuben
- träumen
- Mäuschen
- Geräusch
- Sträucher
- täuschen

Ein häufiges Geräusch in dieser Gegend war das Summen von Hornissenflügeln. Maja wollte sich in den Sträuchern vor den Hornissen verstecken. Doch sie konnte die Hornissen nicht täuschen: Ein kleines Mäuschen musste mit ansehen, wie zwei Hornissen die arme Maja gefangen nahmen und in die Räuberburg der Hornissen brachten.

Als Maja dort einschlief, träumte sie von ihrer Flucht und davon, wie schön es war, Nektar zu sammeln und Blüten zu bestäuben.

Bb

- Biene
- Bär
- Blüte
- Birne
- Ball
- bunt
- bitten
- Besuch
- Baumhöhle
- bekommen
- Beere

Es regnete und alle Blüten begannen sich zu schließen. Ein Schmetterling kam daher zu Besuch in Majas Baumhöhle und bat die Biene um Honig. Sie hatte sich bei schönem Wetter einen Vorrat geschaffen aus dem Nektar der Distelblüten, die wie bunte Bälle aussahen.

Außer Bienen und Schmetterlingen schlecken auch Menschen und Bären gerne süßen Honig. Wenn die Bären keinen Honig bekommen, sind sie auch mit Beeren oder Birnen zufrieden.

- Campingplatz
- Club
- clever
- Clown
- Creme
- Cola

Cc

gesprochen wie „k"
in „Kassandra"

Seit der Campingplatz auf Majas Lieblingswiese geöffnet hat, haben die cleveren Ameisen und Wespen eine neue Futterquelle entdeckt: Reste von Cola in Bechern und Dosen.

Mistkäfer Kurt hat sich mit Sonnencreme aus einer weggeworfenen Tube als Clown geschminkt. Schnell hat er Maja und Willi als Fanclub um sich versammelt. Die Verkleidung passt gut zu dem lustigen Kerl!

ch

- Nacht
- Bach
- richtig
- leuchten
- Glühwürmchen
- endlich
- Licht
- deutlich
- Männchen

Im Licht einer Vollmondnacht flog Maja zum Bach hinunter und wollte endlich einmal ein richtiges Glühwürmchen leuchten sehen.

Sie hatte gehört, dass die Glühwürmchen Käfer sind und dass die Unterseite des Hinterleibs wie eine Laterne leuchtete. Sie hatte Glück, denn ein Glühwürmchen-Männchen kam direkt auf sie zugeflogen und Maja sah ganz deutlich, wie es von hinten leuchtete.

ch

gesprochen wie „sch"
in „Schule"

- Chef
- Chance
- chic
- charmant
- Champignon

Maja und ihre Freunde hatten die Chance, Menschen bei einem Picknick aus der Nähe zu beobachten. Einer schien der Chef zu sein. Er redete viel und half auch nicht beim Auspacken der Sachen.

Die Leute waren alle chic gekleidet und sehr charmant, irgendwie anders als die meisten Leute vom Campingplatz. Sie aßen Brot mit Käse und Champignons. Für die Ameisen sind sicher ein paar Krümel übrig geblieben!

ch

gesprochen wie „tsch"
in „Tschüss"

• Chip • Chili • Charly

Die Picknick-Gäste hatten leider nicht alle Abfälle aufgeräumt. Die Ameisen fanden eine Tüte mit Kartoffelchips, ein neues Futter, das sie erst kennenlernen mussten. Mühsam schafften sie die Krümel der Chips aus der Tüte und transportierten sie in ihren Ameisenhaufen.

Charly, ein mutiger Ameisensoldat, probierte das Menschenfutter als Erster. Leider waren die Chips aber mit Chili gewürzt. Das war eindeutig zu scharf für Charly! Er verzog das Gesicht und wollte nur noch den scharfen Geschmack loswerden.

ck

- Acker
- Wicke
- Bockkäfer
- wacker
- ruck
- zuck
- Rücken
- Glück
- Zickzack

Viele Bienen flogen neben dem Kartoffelacker im Zickzack von einer Wickenblüte zur anderen. Sie sammelten Nektar.

Plötzlich bemerkte Maja, dass im Gras etwas zappelte. Ein Bockkäfer war auf den Rücken gefallen. So sehr der arme Kerl auch strampelte, er kam nicht wieder auf seine sechs Beine! Was für ein Glück, dass die wackere Maja noch andere Bienen zu Hilfe rief. Ruck, zuck drehten sie ihn wieder um.

Dd

- Dämmerung
- dicht
- Deckel
- drängen
- draußen
- Dose
- dagegen

Nach einem Picknick der Menschen ließen sie einige Cola-Dosen mit Resten der zuckrigen Brause liegen.

In der Dämmerung waren die Dosen von Wespen heftig umschwärmt; sie drängten sich dicht an dicht durch die Öffnung im Deckel.

Einige von ihnen mussten in der Cola ertrinken, da sie mit verklebten Flügeln nicht mehr nach draußen fliegen konnten. Maja dagegen war vorsichtig genug und verklebte sich ihre Flügel nicht.
Außerdem war ihr der Nektar aus leckeren Blüten lieber.

Ee

- Efeu
- Erde
- essen
- erinnern
- ekeln
- etwas
- entwischen

Im dichten Efeu raschelte es: Natürlich war es wieder Mistkäfer Kurt. Er suchte sich etwas zu essen und erinnerte sich daran, wie er Maja kennengelernt hatte: Damals war ihm ein halber Wurm in die Erde entwischt.

Die Grille Iffi ekelte sich vor seinen Essgewohnheiten. Das aber machte Kurt scheinbar nicht viel aus. Trotzdem vermied er es, in Iffis Gegenwart Sachen zu essen, vor denen sie sich ekelte.

ei

- **E**ingang
- **ei**lig
- vorb**ei**
- w**ei**ter
- St**ei**n
- f**ei**n
- kl**ei**n
- w**ei**ß
- h**ei**mkommen
- w**ei**l

Am Eingang eines jeden Bienenstocks standen Wächter. Weil Willi sich das Losungswort schlecht merken konnte, hatte er es eilig, an den Wachen vorbeizukommen.

Immer wenn er nicht mehr weiterwusste, setzte er sich auf einen kleinen weißen Stein und wartete, bis jemand heimkam, den er kannte. Das war nicht die feine Art, aber wenigstens kam er so in den Bienenstock.

eu

- Eule
- Staubbeutel
- Freunde
- Meute
- Beute
- heute
- Kreuzung
- freuen

Heute war Maja schon seit Sonnenaufgang unterwegs und sammelte Pollen von Rapsblüten. Sie begegnete an der Kreuzung am Waldrand der Eule, die schon halb eingeschlafen war.

Maja war von den Staubbeuteln völlig eingepudert: Sie hatte reiche Beute gemacht. Maja freute sich so sehr darüber, dass sie auch ihren Freunden etwas davon abgeben wollte. Die ganze Meute stand schon bereit, um Majas Geschenk anzunehmen!

Ff

- Fichte
- falsch
- Flip
- feucht
- Feld
- Flügel
- faul
- Freund
- funkeln
- Freude

Majas Freunde hatten sich alle bei der Fichte am Feldrand eingefunden. Flip war als Erster gekommen. Alois Siebenpunkt und Willi, der nicht faul sein wollte, putzten ihre Flügel, bis sie funkelten.

Alle wollten ihre Freundin Maja mit einem Lied überraschen. Kurt und Willi sangen gründlich falsch. Vor lauter Freude bekam Maja ganz feuchte Augen.

Gg

- Geburtstag
- Gewitter
- gießen
- gut
- golden
- Grashüpfer
- groß
- Gestrüpp
- geben

Ausgerechnet an Majas Geburtstag gab es ein großes Gewitter und es goss in Strömen. Gut, dass der Grashüpfer Flip im Gestrüpp ein Dach gebaut hatte.

Alle warteten dort, bis die goldene Sonne wieder hervorkam. Majas gute Freunde hatten sich eine Geburtstagsüberraschung einfallen lassen: Die Ameisen führten für sie einen temperamentvollen Stepptanz auf!

Hh

- Heuschrecke
- Höschen
- Hunger
- Heimatstadt
- Hornisse
- Hinterbeine

Grashüpfer Flip gehört zur Familie der Feldheuschrecken. Wenn Maja mit Nektar und Blütenstaub beladen ankommt, macht er sich manchmal lustig über sie.

Bienen transportieren den Blütenstaub an ihren Hinterbeinen in Form von kleinen Ballen, die „Höschen" genannt werden. Und das bringt Flip immer wieder zum Lachen.

Hornissen, die Blütenstaub und Nektar nicht selbst sammeln, haben vor Hunger schon versucht, die Heimatstadt von Maja auszurauben.

I i

- Iffi
- Insel
- Igel
- kitzeln
- Biber
- bitten
- Kind
- Licht
- Fisch
- sicher
- silber-
farben
- glitzern
- flink
- flitzen
- Idee
- zwischen
- rings

Rings um das Inselchen glitzerte der Bach im Sonnenlicht. Silberfarbene Fische flitzten flink und sicher zwischen den

Steinen im Wasser umher. Am Ufer kitzelten Igelkinder ihre Mutter.

Maja hatte die Idee, den Biber zu bitten, ihr einen Damm zu bauen. Zunächst aber musste er gefunden werden. Weder Iffi noch Flip hatten ihn gesehen. Niemand wusste, wo der Biber war.

ie

- Lied
- Gebiet
- lieben
- viel
- Biene
- Dieb
- sprießen
- tief
- Flieder
- niemand
- ließ

Der Frühling war gekommen und ließ alle Blumen sprießen. Maja hatte in ihrem Gebiet schon viele Blüten besucht. Sie war so gut gelaunt, dass sie Fliederhonig verschenkte.

Mit ihrem Stachel wollte die Biene niemandem etwas zuleide tun, gemeine Honigdiebe aber bestrafte sie immer mit einem tiefen Stich. Am Abend liebte sie es, den Liedern der Nachtgrille zu lauschen.

Jj

- Jahr
- jung
- jäten
- jeder
- Januar
- jubeln
- Juni
- Juli
- jucken
- Jux
- Maja
- jemand

Das Jahr hatte schon im Januar mit viel Schnee begonnen. Das ist für Bienen kein Grund zum Jubeln. Lieber haben sie die Monate Juni und Juli, wenn es warm ist, viele Blumen blühen und die Gärtner Unkraut jäten müssen.

Dann juckt es die junge Biene Maja auch immer, jemanden aus Jux und Tollerei zu veralbern. Das macht Maja so beliebt. Jeder mag sie.

J

- **J**ob
- **j**oggen
- **j**umpen
- **J**ack

gesprochen wie „dsch" in „Dschungel"

In einem Bienen- oder Ameisenstaat hat jedes Tier seinen Job. Arbeitsteilung ist angesagt!

Feldheuschrecken dagegen leben für sich allein und können tun und lassen, was sie wollen. Flip, bisweilen „Jumping Jack" genannt, verbringt viel Zeit damit, in der Gegend herumzuspringen. Jumpen macht ihm einfach Freude und er hat auch schon viele Wettbewerbe gewonnen. Während seiner Übungssprünge joggt manchmal die Spinne Hannibal neben ihm her.

Kk

- Kurt
- Käfer
- Kopf
- kühl
- Königin
- Kampf
- Kugel
- komisch
- Kerl

Die Bienenkönigin hatte Maja erlaubt, Kurt, den Käfer, in den Bienenstock einzuladen. Nur seine Mistkugel durfte der komische Kerl nicht mitbringen.

Das Bienenvolk hatte nämlich gerade erst die Spuren des Kampfes mit den Hornissen beseitigt. Der Kampf wurde von den Bienen gewonnen. Maja hatte die Stadt rechtzeitig gewarnt und die Königin und ihr Volk bewahrten einen kühlen Kopf.

Ll

- Luft
- Leben
- Lanze
- lachen
- Libelle
- Falle
- locken
- Lage
- leider
- lauter
- lustig

Am Teich schwirrte die Luft vor lauter Libellen. Auch die Hornissen waren unterwegs; sie hatten Majas lustige Freunde leider in eine Falle gelockt. Die Wächter der Hornissen bedrohten das Leben der Gefangenen mit ihren Lanzen!

Die Lage wäre hoffnungslos gewesen, wenn nicht ein starker Windstoß das Hornissennest auf den Boden geschleudert hätte. In der großen Verwirrung konnten alle flüchten. Da lachten die anderen Insekten die Hornissen aus.

Mm

- mampfen
- Menge
- Mist
- Mut
- Made
- immer
- Mittelpunkt

Mistkäfer Kurt hatte wieder einmal eine Mistkugel gerollt. Jede Menge fette Maden hatten sich schon eingenistet und mampften um die Wette.

Nicht nur Iffi rümpfte darüber die Nase. Auch Maja konnte die Vorliebe von Kurt für Mist und Maden nicht verstehen. Trotzdem konnte sie ihn, den lustigen Kerl, gut leiden. Er wollte zwar immer im Mittelpunkt stehen, aber er hatte auch schon oft großen Mut bewiesen.

Nn

- Nacht
- Netz
- Nähe
- nass
- neugierig
- nicht
- nutzen
- neblig
- nehmen

In einer nassen, nebligen Nacht begegnete Maja dem Nachtfalter Florian. Er warnte sie vor einem Spinnennetz, das ganz in der Nähe sei. Das machte Maja neugierig.

Sie näherte sich dem Netz. Die Spinne war gerade nicht zu Hause und Maja wollte die Gelegenheit nutzen, das Netz näher zu erkunden. Doch die Spinne kam zurück und sie musste sich vor ihr in Acht nehmen.

Oo

- **O**chsenfrosch
- **O**sten
- **O**rkan
- **O**bdach
- **o**ft

Die Morgensonne stand noch tief im Osten, als plötzlich ein starker Sturm aufzog und der Himmel sich verdunkelte. Maja, die an diesem Tag wie so oft schon früh unterwegs war, musste sich ein Obdach suchen und abwarten, bis sich der Orkan gelegt hatte. Weiterzufliegen wäre einfach zu gefährlich gewesen!

Von ihrem Versteck aus konnte Maja einen Ochsenfrosch dabei beobachten, wie er seine Schallblasen aufpustete und dann laut quakte.

Öö

- Vögel
- Baumhöhle
- Löwenzahn
- ungestört
- Geschöpf
- köstlich
- Neuntöter
- böse
- schön

Ein Weinberghüter hatte durch Schüsse in die Luft Vögel verscheucht. Vor diesen Geschöpfen nahm sich Maja in Acht, denn manche von ihnen fraßen auch Insekten.

In ihrer schönen Baumhöhle war sie sicher vor dem bösen Neuntöter, einem Vogel, der Insekten fing und als Vorrat auf Dornen spießte. Da nun alle Vögel weg waren, ließ sich Maja auf einer Löwenzahnblüte nieder und saugte ungestört etwas von dem köstlichen Nektar.

Pp

- Pause
- Pilz
- plötzlich
- Platz
- Plumps
- Perle
- Pappel
- putzig
- hoppeln
- zappeln

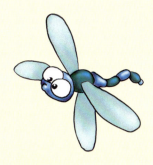

Die Pause auf der Löwenzahnblüte hatte Maja gut getan. Plötzlich hörte sie einen lauten „Plumps". Im Bach unter der Pappel zappelte etwas. Es war ein kleines Häschen, das den Sprung über den Bach nicht geschafft hatte.

Es konnte aber schnell wieder ans Ufer hoppeln. Jetzt hingen Wasserperlen an seinem Fell. Direkt neben dem großen Pilz schüttelte es sich, dass es nur so spritzte. Das sah putzig aus! Maja kehrte zurück auf ihren Platz, die Blüte des Löwenzahns.

pf

- Pfütze
- Pflanze
- Tautropfen
- Kampf
- schlüpfen
- klopfen
- tapfer
- schimpfen

Es war ein schöner Morgen. Tautropfen hingen noch an den Blättern der Pflanzen. In Pfützen spiegelte sich die Morgensonne. Ein Specht klopfte schon die Baumrinde ab, eine Amsel schimpfte und bei den Enten schlüpften die ersten Küken.

Nichts deutete auf den bevorstehenden Kampf des Volkes der Hornissen um Majas Bienenstadt hin. Doch schon in wenigen Minuten musste sich das Bienenvolk tapfer gegen die Hornissen wehren.

Qq

- Quittenbaum
- quer
- quaken
- Quatsch
- quengeln
- quälen
- Kaulquappe
- Quelle

Eine Kaulquappe schwamm kreuz und quer im Teich bei der Quelle umher. Sie musste aufpassen, dass sie nicht gefressen wird. Nie würde sie sonst ein Frosch werden, quaken und Quatsch machen können.

Maja und Willi wollten die Verwandlung der Kaulquappe in einen Frosch miterleben. Sie warteten bei der Quelle unter einem Quittenbaum. Es geschah jedoch nichts. Das Warten war so quälend langweilig, dass Willi anfing zu quengeln.

Rr

- ruhig
- reiten
- reichen
- Regel
- Rücken
- rufen
- reizvoll
- rasen

Die umtriebigen Ameisen hatten sich Flip, den Grashüpfer, als Reittier ausgewählt. Auf seinem Rücken zu reiten, war sehr reizvoll. Sie hatten den vollen Überblick und riefen fröhlich in die Landschaft.

Da sie keine Regeln mit Flip vereinbart hatten, raste der wild drauflos und kümmerte sich nicht um seine Passagiere. Zum Schluss reichte es den Ameisen, sie stiegen ab und suchten sich ein ruhiges Plätzchen.

Ss

- Sonne
- Süden
- Sorge
- Samen
- Sichel
- Sand
- säubern
- sehen

Als Maja die Augen aufschlug, stand die Sonne sehr hoch am Himmel. Von der Sichel des Mondes war nichts mehr zu sehen. Sie machte sich Sorgen wegen ihres Versprechens, das sie dem Eichhörnchen gegeben hatte. Sie wollte ihm helfen, Nüsse und Samen zu finden.

Maja flog in Richtung Süden, zum Wohnbaum des Eichhörnchens. Niemand begegnete ihr. Plötzlich ein Rascheln im Sand: Hier säuberte das Eichhörnchen sein Fell.

sch

- Schatten
- Schotterweg
- nuscheln
- kuscheln
- Busch
- schlecken
- schön
- Wiesen-schaumkraut
- Mondschein
- schaurig

Alles wirkte schön schaurig im Mondschein: der Schotterweg, die Schatten der Büsche und Bäume, Mistkäfer Kurt, der etwas zu nuscheln schien, während er sich in einen Laubhaufen hineinkuschelte.

Eine Fliege schleckte einen Nektartropfen auf, den Willi versabbert hatte. Der lag auf einem blühenden Wiesenschaumkraut und döste.

sp

gesprochen wie „schp" in „spazieren"
(regional zum Teil auch wie „sp" in „haspeln")

- spitz
- springen
- spannen

- sprechen
- Spatz
- Speer
- spielen

- Speiseplan
- Specht
- Spinne

Die Spinne Thekla hatte wieder ihr Netz gespannt und wartete auf Beute. Auf ihrem Speiseplan standen auch die spielenden Kinder der Heuschrecken. Diese aber wussten, dass sie nicht in das Netz springen durften.

Eine Etage höher stocherte der Specht mit seiner spitzen Zunge wie mit einem Speer nach Insekten und Larven unter der Baumrinde. Dabei blieb keine Zeit, mit dem Spatz über unwichtige Dinge zu sprechen.

st

gesprochen wie „scht" in „rauscht"
(regional zum Teil auch wie „st" in „Rast")

- **St**amm
- **St**ück
- **St**unde
- **st**ark
- Duft**st**off
- **st**einig
- **st**inken
- **st**aubig

Neben dem steinigen Schotterweg lagen Baumstämme. Waldarbeiter hatten sie vor wenigen Stunden gefällt. Maja erkannte gleich, dass einer davon das Zuhause von Borkenkäfer Fridolin und seinen Kindern war. Ein starkes Stück!

Die Motorsägen hatten dabei viel staubiges Sägemehl aufgewirbelt, viel mehr als alle Borkenkäfer zusammen. Vor lauter Ärger gaben Baumwanzen ihren stinkenden Duftstoff ab.

ß

- groß
- büßen
- fließen
- sprießen
- gießen
- Ameisenstraße
- Stoß
- Fuß
- bloß
- begrüßen
- beißen
- weiß

Maja sah auf der Ameisenstraße alles fließen, bis der große Fuß eines Menschen in die Menge hineintrat. Das sollte er büßen! Die empörten Ameisen krochen über seine weißen Socken an ihm hoch, um ihm in die Waden zu beißen.

Der Mensch spürte aber bloß ein leises Kribbeln und setzte sich auf einen Holzstoß. Er wollte die Natur betrachten und die Enten begrüßen. Es war immer wieder ein Wunder: Die Natur ließ die Blumen gewaltig sprießen, und das, ohne sie zu gießen.

Tt

- Tier
- Neuntöter
- Tag
- trüb
- tief
- Trick
- toll

Nicht alle Tiere waren gefährlich. Vor dem Neuntöter nahm sich Maja aber sehr in Acht. Das war ein Vogel, der Insekten fing und auf Vorrat auf Dornen spießte. Auch einige von Majas Freunden fürchteten sich vor ihm. Gemeinsam hatten sie schon überlegt, ob es nicht vielleicht einen tollen Trick gab, der sie vor dem Neuntöter schützte.

Heute war ein trüber Tag, die Wolken hingen tief herunter, und da wollte Maja diesem Insektenräuber möglichst nicht begegnen. Sie machte sich daher schleunigst aus dem Staub.

ti

gesprochen wie „zi" in „Akazie"

- Por**ti**on
- funk**ti**onieren
- Sensa**ti**on
- Informa**t**ion
- Endsta**ti**on
- Ak**ti**on

Das war die allerneueste Information: Flip hatte den Weitsprung-Wettbewerb der Talwiese gewonnen! Obwohl dies keine Sensation war, hatte sich das Ergebnis der Aktion schnell bei Maja und all den anderen Freunden herumgesprochen. Alle standen Schlange, um Flip zu gratulieren.

„Ich danke euch", sagte Flip mit einer kleinen Portion Stolz, „aber in der nächsten Runde ist für mich sicher Endstation. Hoffentlich funktionieren meine Gelenke noch eine Weile."

tz

- Spatz
- Fratze
- kitzeln
- Holzklotz
- Blitz
- Witz
- jetzt
- verdutzt
- Hitze
- zerfetzen

Maja kam am Baum bei der Waldlichtung vorbei und erinnerte sich, wie hier einmal ein Blitz eingeschlagen hatte. Alle Tiere hatten verdutzt dreingeschaut. Durch die Hitze war der Stamm an mehreren Stellen verkohlt, gespalten und zerfetzt.

Ein Spatz saß jetzt auf einem Holzklotz und machte eine böse Fratze. Sein Lieblingsbaum war übel zugerichtet. Maja konnte ihn weder mit einem Witz noch durch Kitzeln aufmuntern.

Uu

- Unkenruf
- ulkig
- ursprünglich
- Uhu
- Unglück
- Ufer
- Unterholz

Mistkäfer Kurt hatte sich am Waldrand im Unterholz versteckt.

Vom Ufer des nahen Teiches hörte er einen Unkenruf. Der Uhu fand das aber nicht ulkig. Er fürchtete, das Geräusch könnte die Mäuse verscheuchen, die er fangen wollte.

Ursprünglich wollte er ja nur eine Maus erbeuten, doch plötzlich hatte er größeren Hunger bekommen und lauerte auf eine zweite Maus. Lautlos schwebte der Uhu heran, doch im Nu war die Maus im Loch verschwunden. Was für ein Unglück!

Ü ü

- S**ü**den
- sch**ü**tteln
- gr**ü**ßen
- St**ü**ck
- auff**ü**hren
- **ü**blich
- **ü**brig
- **ü**ben
- M**ü**digkeit

Die Sonne schien mit voller Macht von Süden her. Maja schüttelte den letzten Rest ihrer Müdigkeit ab. Sie hatte heute viel vor: Sie und ihre Freunde wollten ein Theaterstück aufführen. Es blieb ihnen gar nichts anderes übrig, als ihre Rolle zu üben.

Plötzlich flog Willi an ihnen vorbei. Er grüßte nicht wie üblich. Dazu hatte er auch keine Zeit, denn er wurde von drei bösartigen Hornissen verfolgt.

Vv

- Vogel
- Vielfraß
- voll
- vielleicht
- Veilchen
- verstecken
- verschmähen
- Vorrat
- vier

Mistkäfer Kurt verschmähte die vier fetten Maden nicht. Er wollte sie als Vorrat aufbewahren, denn er war kein Vielfraß und sein Magen war voll. Damit ihm die Vögel seine Mahlzeit nicht stibitzen konnten, versteckte er die Maden unter Veilchen.

Doch er hatte Pech: Am nächsten Morgen war seine „Mahlzeit" weg. Später dachte Kurt: „Vielleicht hatte der Dieb großen Hunger", und ärgerte sich nicht mehr.

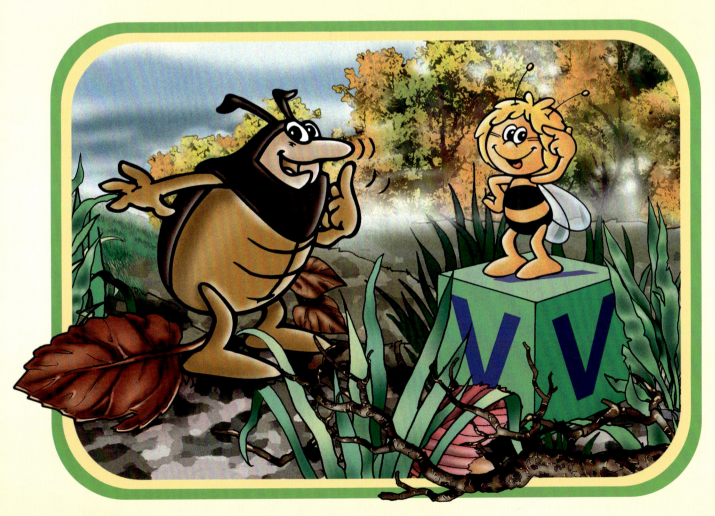

Vv

gesprochen wie „v" in „wir"

- Vulkan
- Visage
- Villa
- Blumenvase
- violett
- Pavian
- provisorisch

Die Ameise hatte eine Visage wie ein Pavian. Ihr Gesicht war auch noch violett angelaufen. Sie ärgerte sich über den menschlichen Eindringling und drohte, wie ein Vulkan zu explodieren.

Der Fuß des Menschen hatte die Ameisenstraße bei der alten Villa sehr verwüstet. Alle mussten zusammenhelfen, um die Straße jetzt provisorisch wieder herzurichten, herum um eine alte Blumenvase.

Ww

- was
- Wespe
- würgen
- Wiese
- waren
- Willi
- warten

Willi würgte etwas Nektar aus seinem Magen und verteilte ihn auf einem Blatt am Rande der **Wiese**.

Er brauchte nicht lange zu warten, bis eine Wespe auftauchte, um von dem Nektar zu naschen.

Was Willi da machte, war ein gefährliches Spiel. Wespen waren keine Freunde der Bienen. Wespen hatten einen Giftstachel, Drohnen wie Willi aber nicht. Außerdem konnten die Wespen schneller fliegen.

Xx

- Xylophon
- Taxi
- Hexe
- kraxeln
- mixen
- Nixe
- Boxer
- fix

Wie jeder weiß, fahren Hexen nicht mit dem Taxi, sondern sie fliegen mit ihrem Besen durch die Lüfte. Willi und Maja hingegen benutzen manchmal andere Tiere als Taxi.

Diesmal war's ein Tausendfüßler.
„Der kann bestimmt gut Xylophon spielen", dachten sich die beiden.

Zu Hause angekommen, kraxelten sie fix herunter von ihrem Träger. Sie waren jetzt müde und mixten sich schnell noch einen Schlaftrunk. Bald darauf schliefen sie ein und träumten – Willi von einem Boxer, Maja von einer Nixe.

Yy

- X**y**lophon
- T**y**p
- S**y**lvia
- Poll**y**
- G**y**mnastik

Sylvia, die Eintagsfliege, hatte sich bei der Morgengymnastik verliebt. Ihr Typ war ein Tausendfüßler, der angeblich mit allen Füßen gleichzeitig Xylophon spielen konnte.

Die Liebesbriefe, die er Sylvia schrieb, waren nicht zu entziffern. Nicht einmal Polly, das Glühwürmchen, konnte etwas damit anfangen. So erfuhr Sylvia nie, was in den Briefen stand.

Zz

- Zaunkönig
- ziehen
- Zweig
- tanzen
- zwei
- Bachstelze
- zanken
- zaubern
- zwanzig
- zwitschern
- zurück

Die schräg stehende Sonne zauberte ein besonderes Licht auf die Bäume und strahlte die Vögel an, die in den Zweigen saßen und zwitscherten. Alles war friedlich, keiner zankte sich. In der Luft am Waldrand tanzten zwanzig Schnaken. Eine Bachstelze schnappte zwei davon, da tanzten nur noch achtzehn.

Maja zog sich heimlich und still zurück, denn vor manchen Vögeln hatte sie Angst, besonders vor dem Neuntöter, der Grasmücke und dem Zaunkönig.

Genehmigte Lizenzausgabe
EDITION XXL GmbH ·
Fränkisch-Crumbach 2010
www.edition-xxl.de

Nach den Geschichten von Waldemar Bonsels
„Die Biene Maja und ihre Abenteuer" und „Himmelsvolk"

© 2010 STUDIO100 MEDIA
www.studio100.de

ISBN (13) 978-3-89736-410-3
ISBN (10)   3-89736-410-7

Kein Teil dieses Werkes darf ohne schriftliche
Einwilligung des Verlages in irgendeiner Form
(inkl. Fotokopien, Mikroverfilmung oder anderer
Verfahren) reproduziert oder unter Verwendung
elektronischer oder mechanischer Systeme
verarbeitet, vervielfältigt oder verbreitet werden.